CB046079

As Solas
do Sol

Do autor:

Cinco Marias

Como no Céu & Livro de Visitas

CARPINEJAR

As Solas do Sol

edição revista

BB
BERTRAND BRASIL

Copyright © 1998, 2005 by Fabrício Carpi Nejar

Capa: Silvana Mattievich

2005
Impresso no Brasil
Printed in Brazil

CIP-Brasil. Catalogação na fonte
Sindicato Nacional dos Editores de Livros, RJ

C298s	Carpinejar, 1972-
	As Solas do Sol/Carpinejar. – Ed. revista. – Rio de Janeiro: Bertrand Brasil, 2005.
	128p.
	ISBN 85-286-1149-3
	1. Poesia brasileira. I. Título.
05-2956	CDD – 869.91 CDU – 821.134.3 (81)-1

Todos os direitos reservados pela:
EDITORA BERTRAND BRASIL LTDA.
Rua Argentina, 171 – 1º andar – São Cristóvão
20921-380 – Rio de Janeiro – RJ
Tel.: (0xx21) 2585-2070 – Fax: (0xx21) 2585-2087

Não é permitida a reprodução total ou parcial desta obra, por quaisquer meios, sem a prévia autorização por escrito da Editora.

Atendemos pelo Reembolso Postal.

Conto histórias
não para fazer dormir
meus filhos.
Conto histórias
para acordá-los.

Aos meus irmãos,
Carla, Rodrigo e Miguel.
A minha mulher Ana
e filhos Vicente e Mariana.

AS SOLAS DO SOL
(1998-2005)

Sumário

SOLARIZAÇÃO DOS MORTOS

Décima colina: Olaria   117

Nona colina: Cedo demais para avisar um sonâmbulo   105

Oitava colina: Osso à mostra   91

Sétima colina: Domingo   81

Sexta colina: Moleiro   71

Quinta colina: Salmos do fogo   57

Quarta colina: Solidão a duas vozes   47

Terceira colina: Neve da chama   33

Segunda colina: Adega do sono   25

Primeira colina: Cais da cintura   11

SOLARIZAÇÃO DOS MORTOS

PRIMEIRA COLINA:

CAIS DA CINTURA

> "O teu próprio sangue te desconhece."
> Jorge de Lima

A unha é punhal. Avalor embrulhou pastéis de açafrão à viagem e os colocou no violino. Fez um laço com as cordas. Não tirou mais os sapatos para dormir. A recordação fechada, sem volver atrás ou perseguir alguém à frente. Desfez a cidade ao reconstituir a mulher que amava. O pátio ofegava, cão azulejado. O pátio e o ácido das limas. O pátio e os relâmpagos dos muros. A chuva do vento empurrava os ouvidos para fora. Avalor aparentava idade para morrer, carecia da idade de viver sua morte. A natureza mudava enquanto a percorria, afogado no vôo do naufrágio. Ficou no cais, entre as sombras dos peixes que flutuavam pelas frestas. Nos peixes, a garganta das aves. Avalor perguntou ao barqueiro quanto tempo demorava a passagem. Carítias mordeu a palha do tabaco e refez o tato:

— *Até encontrares um lugar seguro para guardar a morte.*

"Quando chove, há sol dentro do livro. A tempestade envelhecia o dia. Minha personalidade estava indecisa entre o cavanhaque e a barba. Eu me roubei a eternidade. Não precisava de uma pátria, só daquilo que conheço. Nossa casa era manca na colina. Todos percebiam sua descida parada. Uma alvorada que andava. Existia grande número de afogamentos na cerração. A neblina não aceitava ser dominada, mas conduzida. Tem o mesmo fermento do fogo. Ao atingir grau avançado de espessura, as pessoas caminhavam anônimas lado a lado. O vidro assumia o cansaço dos vitrais, causando embaraço ao observador discernir o dentro do fora. Tomada de baixa visibilidade, a cidade retornava a um tempo em que não era cidade. Fui deixando o povoado, a mulher, os filhos, enviuvando a terra. Atravessei as paredes da fruta, o longo caule da varanda. O cordame do poço rolou sozinho. O que vai escrito no corpo a amante não corrige. Cruzei a linha da fronteira de balsa, silencioso, levando um parente enterrado na mala, o violino embalsamado."

Dorme em minha reza
até minha voz desaparecer
em tua respiração.
Dorme que ainda não sou real.
Não te mantenho acordada.

Vivo das palavras
que não me recordo inteiras.
Recolho o vazio das garrafas,
artefando asas
com os restos de mel e cevada.

Permaneces imóvel
enquanto parto.
Os arames do ar,
sem o disparo de tua boca.

A água se arredonda como pedra,
mas não há limo
para mantê-la de pé.
A água poderia ser figo
se não tivesse tanta pressa.

Prendo o ritmo
no tambor da seiva.
Não coincidimos
os olhos.

Almavas o corredor.
O perfil de cisne,
a pluma dos gestos
e as tâmaras.
Tua elegância me isolava.

Na trégua do temporal,
o assoalho de vozes.
A vida é uma trégua
ou o fim dela?

Dorme, como quem joga
cabra-cega com meus mortos.
Dorme, até tua solidão
adubar a minha.

As solas do sol
pisavam os olhos.

Reconheci a antigüidade do teu rosto
pela fumaça apressada do prado —
ela encorpava,
ardilosa,
uma cobra que endurece
o couro
na estocada da faca.

Como as vinhas,
vou engolindo as sobras,
carreando as uvas ressequidas.

Deixo a esponja do pulso
no balde dos invernos
com as honrarias
de uma bússola.

Minhas córneas bovinas
param a estrada.

SEGUNDA COLINA:

ADEGA DO SONO

"Deixaram-me sonhar-te,
não ser teu dono."
        Jorge Luis Borges

Na tormenta, o barqueiro havia dormido as dívidas deixadas por outros passageiros. Na transição do idioma, Avalor não podia volver ao mar transposto, apesar do lenho de vozes familiares rilhando nas rochas. Ajeitou as trevas do casaco. Ele deixou de pensar no relevo que pisava para pensar nas pisadas que criavam o relevo.

Tua companhia
é o endereço da fúria.
O luzeiro fermentado.
A roupa aérea do trigo.

Os bicos dos seios
espumavam.
Tremiam à escalada
do violino.

Sempre teu corpo
cumprindo a falta do meu.

Um rosto conhecido
usou o desconhecido
do teu rosto.

Dividi os gomos da fruta
em aposentos da casa.
Levantei a cortina do sumo,
o sol levedado.
E soprei a lareira
das esferas
na sala de estar
da semente.

TERCEIRA COLINA:

NEVE DA CHAMA

"Manhã tão forte
que me anoiteceu."
Mário de Sá-Carneiro

O tempo não estava na matéria, nas roupas, na bagagem. O tempo estava onde ele ainda não existia. Avalor viu as cotovias em bando saltarem ao precipício. Todo pulo repete o ventre.

Ali, na terceira colina, o alvor da oliveira apontava uma saída. A proa de seus pés circulava no terraço da corrente. Desceu da pressa do barco e subiu ao cimo destelhado, tão veloz e leve, mal mexendo nas águas. Encontrou um homem sem as mãos, debruçado nas rochas. Raspava o afresco com os cotovelos. Permanecia vivo por acidente, obcecado em silenciar a pintura. Ele dizia: "Estou surdo de tanto ver."

A vereda roçava o silêncio,
varanda estreita.
Suas vértebras dobradas
com pesar na passagem
dos cavalos.

As compressas da chuva
aliviavam a coluna
da estrada, o facho
esguio da lomba.

A parelha amassava
conchas e moedas
sombrias, os ossos
do oceano.

Os astros enfermos
aguardavam em fila
um leito no firmamento.

O mundo me decifrava
enquanto eu me escondia.

Na esteira das valas,
uma pomba
pobre de brancura
se ajeitava em um sapato,
cimentando inços
e os entulhos das asas.
Puxava com o bico
o cadarço da cova.

Era praia e campo,
litoral e serra,
lanterna da águia
e a porcelana
das margens.

Estava longe do corpo
para me sentir em casa.
Pátria é onde não estamos.
Eu cresci mais do que podia.
O excedente se fez exílio.

Cortejo de galos
separava a safra dos corais
das quilhas coradas
nas canoas.

Os potros escorriam.
Pastavam o pesadelo
de olhos abertos,
estendidos como polvos
sob a neve da chama.
Os relinchos antecipavam
o grito.

QUARTA COLINA:

SOLIDÃO A DUAS VOZES

O pampa é uma montanha sem descida. Avalor arrastava as vestes, ímã de insetos, enovelando a bruma azul. Suas palavras perderam o uso. Estranho entre os seus e íntimo entre os estranhos. Não havia paz que não cheirasse à próxima guerra.

O açúcar se separou da fruta. Ele envaidecia a terra. Mastigou raízes. Pendurou-se na prontidão de uma poça. E como mulher que ninguém percebe, encontrou na lama um bom pasto. Bebeu longamente seus mortos, a explosão da árvore.

Eu esmolo o passado
como meu futuro.

Obedecia a rapidez do sangue.
Antes de apodrecer a luz,
engolia a altura de árvore.

Eu te vi dormindo ao meu lado,
suspiro da planura.
Eu lia tua nudez dormindo
mais do que o livro.
A lamparina da lã.

Folheava as páginas
com tua respiração.
Fazia culto das chuvas.
Pássaro saudoso
do impulso.

Balançava os ouvidos
em tua altura de árvore.
Faria rédeas da forca
em tua altura de árvore.

Tua pele de pão molhado.
Teu tronco firme como dentes.
E as limas dos joelhos
banhadas de sol recente.

Converteu-se em vapor,
o espelho,
seguindo
a névoa da bacia.

QUINTA COLINA:

SALMOS DO FOGO

O rio Faxinal do Soturno oscilava entre o chumbo da altitude e o remanso de altar. Avalor percebeu um homem em desespero, algemado na ponte. Havia cometido o delito de matar a luz. Alegava legítima defesa. Esfaqueou pensando que fosse névoa.

— Eu somente emagreci a claridade. Mas a suspeita já é crime. Minha mulher recuperou o nome solteiro. Perdi a custódia do campo. Fiquei ossudo como gafanhoto. Peço que me mates para não ser devorado pela memória.

Avalor se afastou do fogo-fátuo:
— Não posso matar o que ainda não nasceu.

Eu mais escrevo
partindo da época
em que não sabia ler.

Minha infância ainda é cedo.
A janela se abria para dentro.
O vidro ficava fora,
um copo de sede.

A erva do som
e os búzios da sela
umedeciam a lonjura.

No sul, o inverno
é primavera.
Repor a lenha
e puxar a gaveta do forno.
Esperar, esperar
e esperar a cor do crepúsculo
para definir a roupa.

A lealdade com o fogo
nos incita a trair a luz natural.

O avô deixava a manada de bois
confinada ao humor
das frutas.
A cerração enlaçava
os pessegueiros.

Às costas do tanque,
o irmão derretia
formigas no pote de manteiga.
Ficavam encadernadas,
rezas empilhadas
na cera da igreja.

A roldana palitava
a boca da cisterna
e o pescoço da luz
vestia o poncho do vento.

Furtava a cabeça do galo
do prato dos cães
como um brinquedo
a ser consertado.

Comia as uvas
na própria tina,
com o fulgor do corte,
o freio dos pés
e o escaldar do sumo.
Calçava o aroma das vinhas.

O céu esférico,
cinzento.
Aves copiando o traçado
da migração,
o caule da chuva.

Cego diante do mel,
traduzia o miolo do centeio
e recitava os salmos das brasas.

Um mormaço subia das pedras,
o cheiro azedo
de ovelha cardada.

SEXTA COLINA:

MOLEIRO

Sua origem remota aquecia o solo que passava, atuava oculta na visibilidade excessiva dos animais. Avalor procurava fiador para alugar sua memória e assim absolver as mornas mágoas. A lembrança afeminava o trajeto. Despossuía o mundo. Não cumpria a morte que desejava, porque o desejo estava cumprido desde que partira. O rio reclinava-se com cuidado sobre o pomar dos sapatos. Havia um guardião em vigília na fronteira das coisas inominadas. Ele pediu a senha. Avalor pronunciou seu nome. "Esse nome não me diz nada", replicou. Por um momento, Avalor recuou, para conservar o calor da morada, o desenho das entranhas, depois voltou a insistir. O sentinela novamente o interrompeu: "Aqui não há como atravessar sem negar a morte. Nunca vi ninguém morrer conformado."

As lavadeiras
esfregavam os tecidos
com os cabelos.
Imprimiam suas feições.
Todo pano era um sudário,
o desfiladeiro do sopro.

O moleiro
espirrava a gaita.

O zumbido
vasculhava a cozinha,
familiar e antigo.

Eu me resguardava
debaixo da cama.
Juntava os carretéis,
a caixa de sapatos,
as cinco marias,
os bonecos de madeira.
Minha mala já estava pronta
desde a infância.

Sua chegada no portão
prenunciava despedidas.
O moleiro berrava:
— Facas para afiar!

Ele instalava o tripé,
rodava a serra e a ferrugem.
Seu braço amputado
era o que menos assustava.

Apontava a lâmina como um lápis.
Aprontava a lâmina como um gatilho.
Entregava o faqueiro:
— Agora dá para cortar a carne das crianças.

SÉTIMA COLINA:

DOMINGO

Uma cidade reparava a outra no trocar do vivente, como o caranguejo pinçando os objetos do afogado.

Diante das parreiras, Avalor não sabia definir o início da fruta, o começo da mordida. "Como descascar uma janela?", ponderava. No tabuleiro da horta, avistou a avó. Ela prolongava, em passadas curtas, os pedais da máquina de costura. O aviário das vinhas soltava tintura em sua saia. O excremento das aves sinalizava sorte. Ela não reparou no neto. Cirandava nas verduras, um casco embriagado. Untava as telhas da alface. Espantava a fábula das formigas com o estábulo dos dentes. Não se falaram. O avental no gancho da porta almoçava sozinho.

As garças capinavam
as águas.

A saliva das aves
movia o motor
do riacho.

A *nona* exalava hortelã
na cadeira de balanço.

O pai tardio, lobo vencido pela fome,
desabotoava a túnica de liquens
e escavava seu rosto.
Os braços tensos,
pêndulos primitivos,
cobiçavam o leite dos seixos,
os seios do leito,
cercando o cardume.

A mãe procurava na gaveta
sua data de casamento.

Eu recolhia pintassilgos das vielas,
fincando a taquara das roupas
no bueiro plumoso.

O rebanho oleava a grama,
os pertences sonoros
do descampado.

As enxadas adoeciam
o porão.

OITAVA COLINA:

OSSO À MOSTRA

"São necessárias muitas vidas
para fazer uma outra."
Eugenio Montale

Antes de fechar, os olhos retornam à penugem da semente. Avalor perguntava: "Terei que morrer para reaver a vida em mim? Ou me afastar como um indigente para ser lembrado por aquilo que não fiz?"

Ele encontrou o mar e seu trânsito interminável. O mar não lhe permitiu atravessar seu balcão. Não cedia a metade da cama. Raras foram as mulheres que passaram uma noite inteira com o mar. Mais raras são as mulheres que acordaram para vê-lo partir.

Avalor rastejou. O corpo não pesava deitado. A noite passou a crescer nele. Levitou o sangue em desmaio. Não diferenciava a dor do cansaço. O descaso consigo o fazia descansar perto de quem amava. Custava morrer por dentro. O escuro é luz agradável. O excesso de escuro já é manhã. Nem pôde assistir ao cordel dos cordeiros levando-o nas cordas da embarcação.

As laranjas prematuras,
lâmpadas queimadas,
boiavam no esgoto
do pátio,
com o suco parado,
isoladas da eletricidade.

Meu semblante envelheceu
tudo o que podia perder
em poucas horas.

Médicos tiravam uma lasca de sombra
e cuspiam de volta.

Tiraram-me um jeito de sorrir sem culpa.

Envolveram-me numa camisola azul
folgada, maior do que as cortinas
da casa. A anestesia
cacheou meus sonhos,
os cabelos loiros da respiração.

A bata emprestada,
fiel ao suor do antigo dono.

Na porta do hospital,
insetos agitavam as asas
e não escapavam
da tinta úmida.

Ia carregando
as alças de prata,
a ira contida,
a carga de puro cedro.

O desejo apartado,

recolhido em outro
fuso horário.

O escapulário,
um osso à mostra,
os soluços do soro.

As velas se aproximavam
para xingar
e devolver
as promessas.

Carvão em transe.
Quase púrpura.
Quase alvorada.

Minha mãe pedia para colocar
os dentes debaixo do alpendre,
como uma chave.
Eu obedeci e aguardei
recompensa.
O segredo escureceu ali,
acarminado de relva.

NONA COLINA:

CEDO DEMAIS PARA AVISAR UM SONÂMBULO

O musgo interrompe a conversa entre as pedras. Avalor mudava a esposa de nome, evitava pensar alto. Desconhecia o vexame da crença. Não responderia ao apelo externo. Aprendeu a se deslocar parado. Nos dados biográficos, nunca largou o hospício. E os apontamentos listavam apenas o vegetar dos cílios e a gradação dos antibióticos. Ocupado pela inércia, descobriu o talento de vadiar a verdade.

A noite urinava
nas paredes
do quarto.

Desfiei um maço
de jasmim
na jarra
e esvaziei o hálito.

A vida amou a morte
mais do que havia para morrer.

Na beira da cama,
o sândalo dos pés
convidava-me
a renunciar às sandálias
e debulhar a palha noturna.

Apaguei os pensamentos
na espuma da pele.

Abandonar o paraíso,
a única forma
de não esquecê-lo.

Na claridade povoada,
acendi tua nudez.

Ágil, ovo sem clara.

Encostei os lábios
nas amêndoas dos seios
e atrasei o relógio
do ventre.

A lua desabou nos ombros.
A face reluziu na faca.
Abreviei a terra
ao tamanho da sombra.

Escutei a cigarra
entre os eucaliptos.
Não estava perdida
e chamava.

DÉCIMA COLINA:

OLARIA

O loureiro antecipava o amanhecer. Ladrava as ramas. Avalor caminhou em si o que não suportaria fora. Queimou os atalhos da vivência. Cozinhou os pastéis de açafrão na mesa de um violino. Encontrou-se no extravio. Podia ser depositado em qualquer fenda, que continuaria estrangeiro em sua morte. Estorvo. Pregou o botão da camisa que com certeza voltaria a cair. Embrulhou o escapulário com os restos da comida. Sua bondade tinha raiva. Sua raiva tinha bondade. Encilhou a veia. Fora reconhecido pela aliança. Resquício de Deus.

"O rio baixava os olhos de vergonha: não sabia ler o alfabeto das aves. As estrelas nos fitavam com afinco, como se houvesse outros olhos além dos meus. Os vaga-lumes não acenderam o guizo. Os bois enviesaram as narinas. O nevoeiro aquecia o mundo. O bosque dos seios, sem saída. A cintura quebrada, a porta, comigo dentro. Não controlamos a fúria, baixando o escudo dos dentes. A espuma cobiçava teus cabelos, as tranças continuavam crescendo. A água é mais veloz no corpo da mulher. Os insetos de grave som corriam no varal dos ouvidos. Os pés sorrateiros, incansáveis, cavavam o tambor. Arrisquei tudo o que eu não era. O limo folheava os contornos da nuca. Do quadril ao pescoço, avançavas o fio elástico da foice. As unhas afundavam a pele ao rumor do osso. Eu arfava ervas, musgo, urina do mato. Não havia consciência a sangrar naquele momento. Pálido, pão dormido. O relógio ficou cego às 23:30."

As asas do veleiro
enterravam
o vento na água.

Plumas pousavam
como guardanapos
nos joelhos do mar.

Patas das aves
faiscavam lírios
nas escamas dos peixes.

A escultura adiada
com a morte do oleiro
encontrava seu destino
na escassez dos traços.

A chama estava de pé,
e as sombras, lacradas.

Carpinejar, Fabrício Carpi Nejar, jornalista, professor e escritor, mestre em Literatura Brasileira pela UFRGS. Nasceu em Caxias do Sul (RS) aos 23 de outubro de 1972.

É autor dos livros **Um Terno de Pássaros ao Sul** (Bertrand Brasil, 3ª edição em 2006), objeto de referência no *The Book of the Year 2001* da *Enciclopédia Britânica*; **Terceira Sede** (Escrituras, 2001), **Biografia de Uma Árvore** (Escrituras, 2002); **Caixa de Sapatos** (Companhia das Letras, 2003); **Cinco Marias** (Bertrand Brasil, 2004) e **Como no Céu & Livro de Visitas** (Bertrand Brasil, 2005). O poeta também foi traduzido ao alemão por Curt Meyer-Clason e assinou contrato com Terre de Mezzo (Itália) e Éditions Eulina Carvalho (França). Participou de antologias no México, Colômbia, Índia e Espanha.

PRÊMIOS RECEBIDOS

Prêmio O Sul, Nacional e os Livros, categoria Especial Poesia, por *Cinco Marias*, escolhido como o melhor livro de poesia de 2004.

Prêmio Nacional Olavo Bilac 2003, da Academia Brasileira de Letras, com *Biografia de Uma Árvore*, escolhido ò melhor livro de poesia de 2002.

Prêmio AGEs Livro do Ano 2003, da Associação Gaúcha de Escritores, com *Biografia de Uma Árvore*, escolhido o melhor livro de poesia de 2002.

Prêmio Nacional Cecília Meireles 2002, da União Brasileira de Escritores (UBE), com *Terceira Sede*, escolhido o melhor livro de poesia de 2001.

Prêmio Literário Internacional 'Maestrale — San Marco' 2001, Marengo d'Oro (5ª edição), de Gênova (Itália), categoria obra em língua estrangeira, com poemas de *Um Terno de Pássaros ao Sul*.

Prêmio Açorianos de Literatura 2001, Secretaria Municipal da Cultura de Porto Alegre (RS), categoria Poesia, com o livro *Um Terno de Pássaros ao Sul*.

Prêmio Açorianos de Literatura 2002, Secretaria Municipal da Cultura de Porto Alegre (RS), categoria Poesia, com *Terceira Sede*.

Prêmio Destaque Literário — Júri oficial como melhor livro de poesia da 46ª Feira do Livro de Porto Alegre (RS), em 2000, com *Um Terno de Pássaros ao Sul*.

Prêmio Nacional Fernando Pessoa da União Brasileira de Escritores/RJ, categoria Revelação e Estréia, em 2000, com *As Solas do Sol*.

Finalista do Prêmio Açorianos de Literatura 1999, Secretaria Municipal da Cultura de Porto Alegre (RS), categoria poesia, com *As Solas do Sol*.

Finalista do Prêmio Nacional da Cidade de Belo Horizonte/2000.

Impresso no Brasil pelo
Sistema Cameron da Divisão Gráfica da
DISTRIBUIDORA RECORD DE SERVIÇOS DE IMPRENSA S.A.
Rua Argentina 171 – Rio de Janeiro, RJ – 20921-380 – Tel.: 2585-2000